Advice For The Gardener
Grow Peas Of Mind
Lettuce Be Thankful
Squash Selfishness Turnip
To Help Thy Neighbor And
Always Make Thyme for
Loved Ones

This Book Belongs To

_____

_____

Plant Name 　　　　　　　　　　　　　　　　**Date Planted**

Water Requirements 💧 💧💧 💧💧💧　　　　Sunlight ☀ ☼ ●

☐ Seed　　　☐ Transplant

Date	Event

Notes

Outcome

Uses

Purchased at: _____　　Price: _____

Plant Name	Date Planted

Water Requirements 💧 💧💧 💧💧💧   Sunlight ☀ ☽ ●

☐ Seed   ☐ Transplant

Date	Event

Notes

Outcome

Uses

Purchased at: _____   Price: _____

Plant Name	Date Planted

Water Requirements 💧 💧💧 💧💧💧

Sunlight ☀ ☼ ●

☐ Seed   ☐ Transplant

Date	Event

Notes

Outcome

Uses

Purchased at: _____   Price: _____

Plant Name	Date Planted

Water Requirements 💧 💧💧 💧💧💧

Sunlight ☀ ☼ ●

☐ Seed   ☐ Transplant

Date	Event

Notes

Outcome

Uses

Purchased at: _____ Price: _____

Plant Name	Date Planted

Water Requirements 💧 💧💧 💧💧💧

Sunlight ☀ ☀ ⬤

☐ Seed ☐ Transplant

Date	Event

Notes

Outcome

Uses

Purchased at: _____ Price: _____

Plant Name	Date Planted

Water Requirements 💧 💧💧 💧💧💧   Sunlight ☀ ☼ ●

☐ Seed   ☐ Transplant

Date	Event

Notes

Outcome

Uses

Purchased at: _____   Price: _____

Plant Name　　　　　　　　　　　　　　　　**Date Planted**

Water Requirements 💧　💧💧　💧💧💧　　　　Sunlight ☀ ☾ ●

☐ Seed　　　☐ Transplant

Date	Event

Notes

Outcome

Uses

Purchased at: _____　　Price: _____

Plant Name	Date Planted

Water Requirements 💧 💧💧 💧💧💧   Sunlight ☀ ☼ ●

☐ Seed   ☐ Transplant

Date	Event

Notes

Outcome

Uses

Purchased at: _____   Price: _____

Plant Name　　　　　　　　　　　　**Date Planted**

Water Requirements 💧 💧💧 💧💧💧

Sunlight ☀ ☼ ●

☐ Seed　　☐ Transplant

Date	Event

Notes

Outcome

Uses

Purchased at: _____　　Price: _____

Plant Name	Date Planted

Water Requirements 💧 💧💧 💧💧💧   Sunlight ☀ ☼ ●

☐ Seed   ☐ Transplant

Date	Event

Notes

Outcome

Uses

Purchased at: _____   Price: _____

Plant Name **Date Planted**

Water Requirements 💧 💧💧 💧💧💧   Sunlight ☼ ☼ ●

☐ Seed   ☐ Transplant

Date	Event

Notes

Outcome

Uses

Purchased at: _____   Price: _____

Plant Name	Date Planted

Water Requirements 💧 💧💧 💧💧💧

Sunlight ☀ ☼ ●

☐ Seed   ☐ Transplant

Date	Event

Notes

Outcome

Uses

Purchased at: _____   Price: _____

Plant Name **Date Planted**

Water Requirements 💧 💧💧 💧💧💧   Sunlight ☀ 🌤 ⬤

☐ Seed   ☐ Transplant

Date	Event

Notes

Outcome

Uses

Purchased at: _____   Price: _____

Plant Name **Date Planted**

Water Requirements 💧 💧💧 💧💧💧   Sunlight ☀ ☽ ●

☐ Seed   ☐ Transplant

Date	Event

Notes

Outcome

Uses

Purchased at: _____   Price: _____

Plant Name	Date Planted

Water Requirements 💧 💧💧 💧💧💧

Sunlight ☀ ☼ ●

☐ Seed   ☐ Transplant

Date	Event

Notes

Outcome

Uses

Purchased at: _____   Price: _____

Plant Name	Date Planted

Water Requirements 💧 💧💧 💧💧💧   Sunlight ☀ ☀ ●

☐ Seed   ☐ Transplant

Date	Event

Notes

Outcome

Uses

Purchased at: _____   Price: _____

Plant Name | **Date Planted**

Water Requirements 💧 💧💧 💧💧💧

Sunlight ☀ ☼ ●

☐ Seed   ☐ Transplant

Date	Event

Notes

Outcome

Uses

Purchased at: _____   Price: _____

Plant Name | **Date Planted**

Water Requirements 💧 💧💧 💧💧💧

Sunlight ☀ ◐ ●

☐ Seed   ☐ Transplant

Date	Event

Notes

Outcome

Uses

Purchased at: _____   Price: _____

Plant Name | **Date Planted**

Water Requirements 💧 💧💧 💧💧💧

Sunlight ☀ ☼ ●

☐ Seed   ☐ Transplant

Date	Event

Notes

Outcome

Uses

Purchased at: _____ Price: _____

Plant Name	Date Planted

Water Requirements 💧 💧💧 💧💧💧   Sunlight ☀ ☼ ●

☐ Seed   ☐ Transplant

Date	Event

Notes

Outcome

Uses

Purchased at: _____   Price: _____

Plant Name	Date Planted

Water Requirements 💧 💧💧 💧💧💧

Sunlight ☀ ☼ ●

☐ Seed   ☐ Transplant

Date	Event

Notes

Outcome

Uses

Purchased at: _____ Price: _____

Plant Name	Date Planted

Water Requirements 💧 💧💧 💧💧💧   Sunlight ☀ ◐ ●

☐ Seed   ☐ Transplant

Date	Event

Notes

Outcome

Uses

Purchased at: _____   Price: _____

Plant Name **Date Planted**

Water Requirements 💧 💧💧 💧💧💧

Sunlight ☀ ☼ ●

☐ Seed ☐ Transplant

Date	Event

Notes

Outcome

Uses

Purchased at: _____ Price: _____

| **Plant Name** | **Date Planted** |

Water Requirements 💧 💧💧 💧💧💧   Sunlight ☀ ☼ ●

☐ Seed   ☐ Transplant

Date	Event

Notes

Outcome

Uses

Purchased at: _____   Price: _____

Plant Name	Date Planted

Water Requirements 💧 💧💧 💧💧💧

Sunlight ☀ ☀ ●

☐ Seed   ☐ Transplant

Date	Event

Notes

Outcome

Uses

Purchased at: _____   Price: _____

Seeds	Date Planted

Transplant	Date Planted

Seeds	Date Planted

Transplant	Date Planted

Seeds	Date Planted

Transplant	Date Planted

Seeds	Date Planted

Transplant	Date Planted

Seeds	Date Planted

Transplant	Date Planted

Seeds	Date Planted

Transplant	Date Planted

Seeds	Date Planted

Transplant	Date Planted

Seeds	Date Planted

Transplant	Date Planted

Monday

- [ ] _____
- [ ] _____
- [ ] _____
- [ ] _____

Tuesday

- [ ] _____
- [ ] _____
- [ ] _____
- [ ] _____

Wednesday

- [ ] _____
- [ ] _____
- [ ] _____
- [ ] _____

Thursday

- [ ] _____
- [ ] _____
- [ ] _____
- [ ] _____

Friday

- [ ] _____
- [ ] _____
- [ ] _____
- [ ] _____

Saturday

- [ ] _____
- [ ] _____
- [ ] _____
- [ ] _____

Sunday

- [ ] _____
- [ ] _____
- [ ] _____
- [ ] _____

Notes:
_____
_____
_____

Monday

- ☐ _____
- ☐ _____
- ☐ _____
- ☐ _____

Tuesday

- ☐ _____
- ☐ _____
- ☐ _____
- ☐ _____

Wednesday

- ☐ _____
- ☐ _____
- ☐ _____
- ☐ _____

Thursday

- ☐ _____
- ☐ _____
- ☐ _____
- ☐ _____

Friday

- ☐ _____
- ☐ _____
- ☐ _____
- ☐ _____

Saturday

- ☐ _____
- ☐ _____
- ☐ _____
- ☐ _____

Sunday

- ☐ _____
- ☐ _____
- ☐ _____
- ☐ _____

Notes:
_____
_____
_____

Monday
- [ ] _____
- [ ] _____
- [ ] _____
- [ ] _____

Tuesday
- [ ] _____
- [ ] _____
- [ ] _____
- [ ] _____

Wednesday
- [ ] _____
- [ ] _____
- [ ] _____
- [ ] _____

Thursday
- [ ] _____
- [ ] _____
- [ ] _____
- [ ] _____

Friday
- [ ] _____
- [ ] _____
- [ ] _____
- [ ] _____

Saturday
- [ ] _____
- [ ] _____
- [ ] _____
- [ ] _____

Sunday
- [ ] _____
- [ ] _____
- [ ] _____
- [ ] _____

Notes:
_____
_____
_____

Monday
-
-
-
-

Tuesday
-
-
-
-

Wednesday
-
-
-
-

Thursday
-
-
-
-

Friday
-
-
-
-

Saturday
-
-
-
-

Sunday
-
-
-
-

Notes:

Monday
- ☐ _____
- ☐ _____
- ☐ _____
- ☐ _____

Tuesday
- ☐ _____
- ☐ _____
- ☐ _____
- ☐ _____

Wednesday
- ☐ _____
- ☐ _____
- ☐ _____
- ☐ _____

Thursday
- ☐ _____
- ☐ _____
- ☐ _____
- ☐ _____

Friday
- ☐ _____
- ☐ _____
- ☐ _____
- ☐ _____

Saturday
- ☐ _____
- ☐ _____
- ☐ _____
- ☐ _____

Sunday
- ☐ _____
- ☐ _____
- ☐ _____
- ☐ _____

Notes:
_____
_____
_____

Monday

- [ ] _____
- [ ] _____
- [ ] _____
- [ ] _____

Tuesday

- [ ] _____
- [ ] _____
- [ ] _____
- [ ] _____

Wednesday

- [ ] _____
- [ ] _____
- [ ] _____
- [ ] _____

Thursday

- [ ] _____
- [ ] _____
- [ ] _____
- [ ] _____

Friday

- [ ] _____
- [ ] _____
- [ ] _____
- [ ] _____

Saturday

- [ ] _____
- [ ] _____
- [ ] _____
- [ ] _____

Sunday

- [ ] _____
- [ ] _____
- [ ] _____
- [ ] _____

Notes:
_____
_____
_____

Monday
- [ ] _____
- [ ] _____
- [ ] _____
- [ ] _____

Tuesday
- [ ] _____
- [ ] _____
- [ ] _____
- [ ] _____

Wednesday
- [ ] _____
- [ ] _____
- [ ] _____
- [ ] _____

Thursday
- [ ] _____
- [ ] _____
- [ ] _____
- [ ] _____

Friday
- [ ] _____
- [ ] _____
- [ ] _____
- [ ] _____

Saturday
- [ ] _____
- [ ] _____
- [ ] _____
- [ ] _____

Sunday
- [ ] _____
- [ ] _____
- [ ] _____
- [ ] _____

Notes:
_____
_____
_____

Monday

- [ ] _____
- [ ] _____
- [ ] _____
- [ ] _____

Tuesday

- [ ] _____
- [ ] _____
- [ ] _____
- [ ] _____

Wednesday

- [ ] _____
- [ ] _____
- [ ] _____
- [ ] _____

Thursday

- [ ] _____
- [ ] _____
- [ ] _____
- [ ] _____

Friday

- [ ] _____
- [ ] _____
- [ ] _____
- [ ] _____

Saturday

- [ ] _____
- [ ] _____
- [ ] _____
- [ ] _____

Sunday

- [ ] _____
- [ ] _____
- [ ] _____
- [ ] _____

Notes:

_____
_____
_____

Monday
- [ ] _____
- [ ] _____
- [ ] _____
- [ ] _____

Tuesday
- [ ] _____
- [ ] _____
- [ ] _____
- [ ] _____

Wednesday
- [ ] _____
- [ ] _____
- [ ] _____
- [ ] _____

Thursday
- [ ] _____
- [ ] _____
- [ ] _____
- [ ] _____

Friday
- [ ] _____
- [ ] _____
- [ ] _____
- [ ] _____

Saturday
- [ ] _____
- [ ] _____
- [ ] _____
- [ ] _____

Sunday
- [ ] _____
- [ ] _____
- [ ] _____
- [ ] _____

Notes:
_____
_____
_____

Monday
- _____
- _____
- _____
- _____

Tuesday
- _____
- _____
- _____
- _____

Wednesday
- _____
- _____
- _____
- _____

Thursday
- _____
- _____
- _____
- _____

Friday
- _____
- _____
- _____
- _____

Saturday
- _____
- _____
- _____
- _____

Sunday
- _____
- _____
- _____
- _____

Notes:
_____
_____
_____

Monday

- [ ] _____
- [ ] _____
- [ ] _____
- [ ] _____

Tuesday

- [ ] _____
- [ ] _____
- [ ] _____
- [ ] _____

Wednesday

- [ ] _____
- [ ] _____
- [ ] _____
- [ ] _____

Thursday

- [ ] _____
- [ ] _____
- [ ] _____
- [ ] _____

Friday

- [ ] _____
- [ ] _____
- [ ] _____
- [ ] _____

Saturday

- [ ] _____
- [ ] _____
- [ ] _____
- [ ] _____

Sunday

- [ ] _____
- [ ] _____
- [ ] _____
- [ ] _____

Notes:
_____
_____
_____

Monday
- [ ] _____
- [ ] _____
- [ ] _____
- [ ] _____

Tuesday
- [ ] _____
- [ ] _____
- [ ] _____
- [ ] _____

Wednesday
- [ ] _____
- [ ] _____
- [ ] _____
- [ ] _____

Thursday
- [ ] _____
- [ ] _____
- [ ] _____
- [ ] _____

Friday
- [ ] _____
- [ ] _____
- [ ] _____
- [ ] _____

Saturday
- [ ] _____
- [ ] _____
- [ ] _____
- [ ] _____

Sunday
- [ ] _____
- [ ] _____
- [ ] _____
- [ ] _____

Notes:
_____
_____
_____

Monday

- _____
- _____
- _____
- _____

Tuesday

- _____
- _____
- _____
- _____

Wednesday

- _____
- _____
- _____
- _____

Thursday

- _____
- _____
- _____
- _____

Friday

- _____
- _____
- _____
- _____

Saturday

- _____
- _____
- _____
- _____

Sunday

- _____
- _____
- _____
- _____

Notes:
_____
_____
_____

Monday

- [ ] _____
- [ ] _____
- [ ] _____
- [ ] _____

Tuesday

- [ ] _____
- [ ] _____
- [ ] _____
- [ ] _____

Wednesday

- [ ] _____
- [ ] _____
- [ ] _____
- [ ] _____

Thursday

- [ ] _____
- [ ] _____
- [ ] _____
- [ ] _____

Friday

- [ ] _____
- [ ] _____
- [ ] _____
- [ ] _____

Saturday

- [ ] _____
- [ ] _____
- [ ] _____
- [ ] _____

Sunday

- [ ] _____
- [ ] _____
- [ ] _____
- [ ] _____

Notes:
_____
_____
_____

Monday

- [ ] _____
- [ ] _____
- [ ] _____
- [ ] _____

Tuesday

- [ ] _____
- [ ] _____
- [ ] _____
- [ ] _____

Wednesday

- [ ] _____
- [ ] _____
- [ ] _____
- [ ] _____

Thursday

- [ ] _____
- [ ] _____
- [ ] _____
- [ ] _____

Friday

- [ ] _____
- [ ] _____
- [ ] _____
- [ ] _____

Saturday

- [ ] _____
- [ ] _____
- [ ] _____
- [ ] _____

Sunday

- [ ] _____
- [ ] _____
- [ ] _____
- [ ] _____

Notes:
_____
_____
_____

Monday
- _____
- _____
- _____
- _____

Tuesday
- _____
- _____
- _____
- _____

Wednesday
- _____
- _____
- _____
- _____

Thursday
- _____
- _____
- _____
- _____

Friday
- _____
- _____
- _____
- _____

Saturday
- _____
- _____
- _____
- _____

Sunday
- _____
- _____
- _____
- _____

Notes:
_____
_____
_____

EXPENSES

DATE	EXPENSE TYPE	CATEGORY	METHOD	AMOUNT
			TOTAL:	

EXPENSES

DATE	EXPENSE TYPE	CATEGORY	METHOD	AMOUNT
			TOTAL:	

EXPENSES

DATE	EXPENSE TYPE	CATEGORY	METHOD	AMOUNT
			TOTAL:	

EXPENSES

DATE	EXPENSE TYPE	CATEGORY	METHOD	AMOUNT
			TOTAL:	

EXPENSES

DATE	EXPENSE TYPE	CATEGORY	METHOD	AMOUNT
				TOTAL:

EXPENSES

DATE	EXPENSE TYPE	CATEGORY	METHOD	AMOUNT
				TOTAL:

EXPENSES

DATE	EXPENSE TYPE	CATEGORY	METHOD	AMOUNT
				TOTAL:

EXPENSES

DATE	EXPENSE TYPE	CATEGORY	METHOD	AMOUNT
			TOTAL:	

EXPENSES

DATE	EXPENSE TYPE	CATEGORY	METHOD	AMOUNT
			TOTAL:	

EXPENSES

DATE	EXPENSE TYPE	CATEGORY	METHOD	AMOUNT
			TOTAL:	

EXPENSES

DATE	EXPENSE TYPE	CATEGORY	METHOD	AMOUNT
			TOTAL:	

EXPENSES

DATE	EXPENSE TYPE	CATEGORY	METHOD	AMOUNT
			TOTAL:	

RECIPE:

DIFFICULTY:

RATING:

PREP TIME:

COOK TIME:

INGREDIENTS:

COOKING INSTRUCTIONS:

NOTES:

RECIPE:

DIFFICULTY:

RATING:

PREP TIME:

COOK TIME:

INGREDIENTS:

COOKING INSTRUCTIONS:

NOTES:

RECIPE:

DIFFICULTY:

RATING:

PREP TIME:

INGREDIENTS:

COOK TIME:

COOKING INSTRUCTIONS:

NOTES:

RECIPE:

DIFFICULTY:

RATING:

PREP TIME:

COOK TIME:

INGREDIENTS:

COOKING INSTRUCTIONS:

NOTES:

RECIPE:

DIFFICULTY:

RATING:

PREP TIME:

INGREDIENTS:

COOK TIME:

COOKING INSTRUCTIONS:

NOTES:

RECIPE:

DIFFICULTY:

RATING:

PREP TIME:

COOK TIME:

INGREDIENTS:

COOKING INSTRUCTIONS:

NOTES:

RECIPE:

DIFFICULTY:

RATING:

PREP TIME:

COOK TIME:

INGREDIENTS:

COOKING INSTRUCTIONS:

NOTES:

RECIPE:

DIFFICULTY:

RATING:

PREP TIME:

COOK TIME:

INGREDIENTS:

COOKING INSTRUCTIONS:

NOTES:

RECIPE:

DIFFICULTY:

RATING:

PREP TIME:

COOK TIME:

INGREDIENTS:

COOKING INSTRUCTIONS:

NOTES:

RECIPE:

DIFFICULTY:

RATING:

PREP TIME:

COOK TIME:

INGREDIENTS:

COOKING INSTRUCTIONS:

NOTES:

RECIPE:

DIFFICULTY:

RATING:

PREP TIME:

COOK TIME:

INGREDIENTS:

COOKING INSTRUCTIONS:

NOTES:

RECIPE:

DIFFICULTY:

RATING:

PREP TIME:

COOK TIME:

INGREDIENTS:

COOKING INSTRUCTIONS:

NOTES:

Plant Name	Date Planted

Water Requirements 💧 💧💧 💧💧💧

Sunlight ☀ ☼ ●

☐ Seed ☐ Transplant

Date	Event

Notes

Outcome

Uses

Purchased at: _____ Price: _____

Plant Name **Date Planted**

Water Requirements 💧 💧💧 💧💧💧   Sunlight ☀ ☼ ●

☐ Seed ☐ Transplant

Date	Event

Notes

Outcome

Uses

Purchased at: _____   Price: _____

Plant Name	Date Planted

Water Requirements 💧 💧💧 💧💧💧

Sunlight ☀ ☼ ●

☐ Seed ☐ Transplant

Date	Event

Notes

Outcome

Uses

Purchased at: _____ Price: _____

Plant Name

Date Planted

Water Requirements 💧 💧💧 💧💧💧

Sunlight ☀ ☼ ●

☐ Seed   ☐ Transplant

Date	Event

Notes

Outcome

Uses

Purchased at: _____   Price: _____

Plant Name	Date Planted

Water Requirements 💧 💧💧 💧💧💧   Sunlight ☀ 🌤 ⬤

☐ Seed   ☐ Transplant

Date	Event

Notes

Outcome

Uses

Purchased at: _____   Price: _____

Plant Name	Date Planted

Water Requirements 💧 💧💧 💧💧💧

Sunlight ☀ ☼ ●

☐ Seed   ☐ Transplant

Date	Event

Notes

Outcome

Uses

Purchased at: _____   Price: _____

Plant Name	Date Planted

Water Requirements 💧 💧💧 💧💧💧   Sunlight ☀ ☼ ●

☐ Seed   ☐ Transplant

Date	Event

Notes

Outcome

Uses

Purchased at: _____   Price: _____

Plant Name	Date Planted

Water Requirements 💧 💧💧 💧💧💧   Sunlight ☀ ☀ ●

☐ Seed   ☐ Transplant

Date	Event

Notes

Outcome

Uses

Purchased at: _____   Price: _____

Plant Name	Date Planted

Water Requirements 💧 💧💧 💧💧💧   Sunlight ☀ ☼ ●

☐ Seed   ☐ Transplant

Date	Event

Notes

Outcome

Uses

Purchased at: _____   Price: _____

Plant Name	Date Planted

Water Requirements 💧 💧💧 💧💧💧

Sunlight ☀ ☼ ●

☐ Seed ☐ Transplant

Date	Event

Notes

Outcome

Uses

Purchased at: _____   Price: _____

Seeds	Date Planted

Transplant	Date Planted

Seeds	Date Planted

Transplant	Date Planted

Seeds	Date Planted

Transplant	Date Planted

Seeds	Date Planted

Transplant	Date Planted

Seeds	Date Planted

Transplant	Date Planted

Seeds	Date Planted

Transplant	Date Planted

Seeds	Date Planted

Transplant	Date Planted

Seeds	Date Planted

Transplant	Date Planted

Monday
- [ ] _____
- [ ] _____
- [ ] _____
- [ ] _____

Tuesday
- [ ] _____
- [ ] _____
- [ ] _____
- [ ] _____

Wednesday
- [ ] _____
- [ ] _____
- [ ] _____
- [ ] _____

Thursday
- [ ] _____
- [ ] _____
- [ ] _____
- [ ] _____

Friday
- [ ] _____
- [ ] _____
- [ ] _____
- [ ] _____

Saturday
- [ ] _____
- [ ] _____
- [ ] _____
- [ ] _____

Sunday
- [ ] _____
- [ ] _____
- [ ] _____
- [ ] _____

Notes:
_____
_____
_____

Monday

- [ ] _____
- [ ] _____
- [ ] _____
- [ ] _____

Tuesday

- [ ] _____
- [ ] _____
- [ ] _____
- [ ] _____

Wednesday

- [ ] _____
- [ ] _____
- [ ] _____
- [ ] _____

Thursday

- [ ] _____
- [ ] _____
- [ ] _____
- [ ] _____

Friday

- [ ] _____
- [ ] _____
- [ ] _____
- [ ] _____

Saturday

- [ ] _____
- [ ] _____
- [ ] _____
- [ ] _____

Sunday

- [ ] _____
- [ ] _____
- [ ] _____
- [ ] _____

Notes:
_____
_____
_____

Monday
- [ ] _____
- [ ] _____
- [ ] _____
- [ ] _____

Tuesday
- [ ] _____
- [ ] _____
- [ ] _____
- [ ] _____

Wednesday
- [ ] _____
- [ ] _____
- [ ] _____
- [ ] _____

Thursday
- [ ] _____
- [ ] _____
- [ ] _____
- [ ] _____

Friday
- [ ] _____
- [ ] _____
- [ ] _____
- [ ] _____

Saturday
- [ ] _____
- [ ] _____
- [ ] _____
- [ ] _____

Sunday
- [ ] _____
- [ ] _____
- [ ] _____
- [ ] _____

Notes:
_____
_____
_____

Monday	Tuesday
☐	☐
☐	☐
☐	☐
☐	☐

Wednesday	Thursday
☐	☐
☐	☐
☐	☐
☐	☐

Friday	Saturday
☐	☐
☐	☐
☐	☐
☐	☐

Sunday
☐
☐
☐
☐

Notes:

Monday

- [ ] _____
- [ ] _____
- [ ] _____
- [ ] _____

Tuesday

- [ ] _____
- [ ] _____
- [ ] _____
- [ ] _____

Wednesday

- [ ] _____
- [ ] _____
- [ ] _____
- [ ] _____

Thursday

- [ ] _____
- [ ] _____
- [ ] _____
- [ ] _____

Friday

- [ ] _____
- [ ] _____
- [ ] _____
- [ ] _____

Saturday

- [ ] _____
- [ ] _____
- [ ] _____
- [ ] _____

Sunday

- [ ] _____
- [ ] _____
- [ ] _____
- [ ] _____

Notes:
_____
_____
_____

Monday

- [ ] _____
- [ ] _____
- [ ] _____
- [ ] _____

Tuesday

- [ ] _____
- [ ] _____
- [ ] _____
- [ ] _____

Wednesday

- [ ] _____
- [ ] _____
- [ ] _____
- [ ] _____

Thursday

- [ ] _____
- [ ] _____
- [ ] _____
- [ ] _____

Friday

- [ ] _____
- [ ] _____
- [ ] _____
- [ ] _____

Saturday

- [ ] _____
- [ ] _____
- [ ] _____
- [ ] _____

Sunday

- [ ] _____
- [ ] _____
- [ ] _____
- [ ] _____

Notes:

_____
_____
_____

Monday

- [ ] _____
- [ ] _____
- [ ] _____
- [ ] _____

Tuesday

- [ ] _____
- [ ] _____
- [ ] _____
- [ ] _____

Wednesday

- [ ] _____
- [ ] _____
- [ ] _____
- [ ] _____

Thursday

- [ ] _____
- [ ] _____
- [ ] _____
- [ ] _____

Friday

- [ ] _____
- [ ] _____
- [ ] _____
- [ ] _____

Saturday

- [ ] _____
- [ ] _____
- [ ] _____
- [ ] _____

Sunday

- [ ] _____
- [ ] _____
- [ ] _____
- [ ] _____

Notes:
_____
_____
_____

Monday

- [ ] _____
- [ ] _____
- [ ] _____
- [ ] _____

Tuesday

- [ ] _____
- [ ] _____
- [ ] _____
- [ ] _____

Wednesday

- [ ] _____
- [ ] _____
- [ ] _____
- [ ] _____

Thursday

- [ ] _____
- [ ] _____
- [ ] _____
- [ ] _____

Friday

- [ ] _____
- [ ] _____
- [ ] _____
- [ ] _____

Saturday

- [ ] _____
- [ ] _____
- [ ] _____
- [ ] _____

Sunday

- [ ] _____
- [ ] _____
- [ ] _____
- [ ] _____

Notes:
_____
_____
_____

Monday
- [ ] _____
- [ ] _____
- [ ] _____
- [ ] _____

Tuesday
- [ ] _____
- [ ] _____
- [ ] _____
- [ ] _____

Wednesday
- [ ] _____
- [ ] _____
- [ ] _____
- [ ] _____

Thursday
- [ ] _____
- [ ] _____
- [ ] _____
- [ ] _____

Friday
- [ ] _____
- [ ] _____
- [ ] _____
- [ ] _____

Saturday
- [ ] _____
- [ ] _____
- [ ] _____
- [ ] _____

Sunday
- [ ] _____
- [ ] _____
- [ ] _____
- [ ] _____

Notes:
_____
_____
_____

Monday

- [ ] _____
- [ ] _____
- [ ] _____
- [ ] _____

Tuesday

- [ ] _____
- [ ] _____
- [ ] _____
- [ ] _____

Wednesday

- [ ] _____
- [ ] _____
- [ ] _____
- [ ] _____

Thursday

- [ ] _____
- [ ] _____
- [ ] _____
- [ ] _____

Friday

- [ ] _____
- [ ] _____
- [ ] _____
- [ ] _____

Saturday

- [ ] _____
- [ ] _____
- [ ] _____
- [ ] _____

Sunday

- [ ] _____
- [ ] _____
- [ ] _____
- [ ] _____

Notes:
_____
_____
_____

Monday

- [ ] _____
- [ ] _____
- [ ] _____
- [ ] _____

Tuesday

- [ ] _____
- [ ] _____
- [ ] _____
- [ ] _____

Wednesday

- [ ] _____
- [ ] _____
- [ ] _____
- [ ] _____

Thursday

- [ ] _____
- [ ] _____
- [ ] _____
- [ ] _____

Friday

- [ ] _____
- [ ] _____
- [ ] _____
- [ ] _____

Saturday

- [ ] _____
- [ ] _____
- [ ] _____
- [ ] _____

Sunday

- [ ] _____
- [ ] _____
- [ ] _____
- [ ] _____

Notes:

_____

_____

_____

Monday

- [ ] _____
- [ ] _____
- [ ] _____
- [ ] _____

Tuesday

- [ ] _____
- [ ] _____
- [ ] _____
- [ ] _____

Wednesday

- [ ] _____
- [ ] _____
- [ ] _____
- [ ] _____

Thursday

- [ ] _____
- [ ] _____
- [ ] _____
- [ ] _____

Friday

- [ ] _____
- [ ] _____
- [ ] _____
- [ ] _____

Saturday

- [ ] _____
- [ ] _____
- [ ] _____
- [ ] _____

Sunday

- [ ] _____
- [ ] _____
- [ ] _____
- [ ] _____

Notes:
_____
_____
_____

EXPENSES

DATE	EXPENSE TYPE	CATEGORY	METHOD	AMOUNT
			TOTAL:	

EXPENSES

DATE	EXPENSE TYPE	CATEGORY	METHOD	AMOUNT
				TOTAL:

EXPENSES

DATE	EXPENSE TYPE	CATEGORY	METHOD	AMOUNT
			TOTAL:	

EXPENSES

DATE	EXPENSE TYPE	CATEGORY	METHOD	AMOUNT
			TOTAL:	

EXPENSES

DATE	EXPENSE TYPE	CATEGORY	METHOD	AMOUNT
			TOTAL:	

EXPENSES

DATE	EXPENSE TYPE	CATEGORY	METHOD	AMOUNT
				TOTAL:

EXPENSES

DATE	EXPENSE TYPE	CATEGORY	METHOD	AMOUNT
			TOTAL:	

EXPENSES

DATE	EXPENSE TYPE	CATEGORY	METHOD	AMOUNT
				TOTAL:

EXPENSES

DATE	EXPENSE TYPE	CATEGORY	METHOD	AMOUNT
			TOTAL:	

EXPENSES

DATE	EXPENSE TYPE	CATEGORY	METHOD	AMOUNT
			TOTAL:	

RECIPE:

DIFFICULTY:

RATING:

PREP TIME:

COOK TIME:

INGREDIENTS:

COOKING INSTRUCTIONS:

NOTES:

RECIPE:

DIFFICULTY:

RATING:

PREP TIME:

COOK TIME:

INGREDIENTS:

COOKING INSTRUCTIONS:

NOTES:

RECIPE:

DIFFICULTY:

RATING:

PREP TIME:

INGREDIENTS:

COOK TIME:

COOKING INSTRUCTIONS:

NOTES:

RECIPE:

DIFFICULTY:

RATING:

PREP TIME:

COOK TIME:

INGREDIENTS:

COOKING INSTRUCTIONS:

NOTES:

RECIPE:

DIFFICULTY:

RATING:

PREP TIME:

COOK TIME:

INGREDIENTS:

COOKING INSTRUCTIONS:

NOTES:

RECIPE:

DIFFICULTY:

RATING:

PREP TIME:

COOK TIME:

INGREDIENTS:

COOKING INSTRUCTIONS:

NOTES:

RECIPE:

DIFFICULTY:

RATING:

PREP TIME:

COOK TIME:

INGREDIENTS:

COOKING INSTRUCTIONS:

NOTES:

RECIPE:

DIFFICULTY:

RATING:

PREP TIME:

COOK TIME:

INGREDIENTS:

COOKING INSTRUCTIONS:

NOTES:

RECIPE:

DIFFICULTY:

RATING:

PREP TIME:

INGREDIENTS:

COOK TIME:

COOKING INSTRUCTIONS:

NOTES:

RECIPE:

DIFFICULTY:

RATING:

PREP TIME:

COOK TIME:

INGREDIENTS:

COOKING INSTRUCTIONS:

NOTES:

www.ingramcontent.com/pod-product-compliance
Lightning Source LLC
LaVergne TN
LVHW012113070526
838202LV00056B/5712